AF596979

CONSIDÉRATIONS

SUR

L'IMPOT DU SEL.

IMPRIMÉ PAR BÉTHUNE ET PLON, A PARIS.

CONSIDÉRATIONS

SUR

L'IMPOT DU SEL,

PAR

M. LE Mis DE LA ROCHEJAQUELEIN,

DÉPUTÉ DE PLOERMEL.

« Si l'on croyait trouver dans mon langage quelque préten-
» tion à la popularité, je répondrai, sans crainte d'être
» démenti, que l'on ne m'a jamais vu flatter le peuple,
» et que l'on ne me verra jamais flatter ceux qui nous
» gouvernent. »

BAUDIN, *membre du sénat.*

PARIS.

CHEZ PAGNERRE, ÉDITEUR, RUE DE SEINE, 14.
DENTU, GALERIE D'ORLÉANS, 43.
PAUL MASGANA, GALERIE DE L'ODÉON.

1844.

CONSIDÉRATIONS

SUR

L'IMPOT DU SEL.

« Tout impôt qui représente une fois, deux fois, trois fois
» et plus la valeur intrinsèque d'une matière imposée,
» cet impôt est injuste. Mais si la matière ainsi imposée
» est de première nécessité ; si elle est une denrée essen-
» tielle à tous et consommée en grande partie par les tra-
» vailleurs, cet impôt est plus qu'injuste, il est odieux. »

Mis DE CASAUX, auteur des *Questions à examiner*, etc.

De toutes les questions d'économie qui intéressent la société, il en est peu dont la solution soit plus impérieusement réclamée que celle qui a rapport à l'impôt du sel.

Elle tient essentiellement à l'agriculture; elle se lie intimement au besoin matériel des masses, à leur existence compromise par cet impôt trop onéreux.

Depuis que je suis à la Chambre des députés, j'aurais pris l'initiative en portant cette question à la tribune; mais la discussion du budget des recettes ne s'effectuant qu'à la suite de celui des dépenses, j'ai été forcé, bien malgré moi, à garder le silence. Un budget de plus de 1400 millions, voté en six heures, ne permet aucune discussion sérieuse; chaque député, pressé d'en finir, trouverait inutiles les observations les plus graves, puisque, les dépenses étant votées, il devient alors indispensable de les couvrir à tout prix.

Dans cet état de choses, je suis donc contraint de traiter cette question en dehors de la tribune.

L'épigraphe placée en tête de ce travail dit quelle était, sur l'impôt en général, l'opinion d'un célèbre jurisconsulte, membre de l'Assemblée constituante.

En appliquant les maximes de ce publiciste à la question

de l'*impôt du sel*, il sera facile de reconnaître toute leur justesse et toute leur exactitude.

En effet, le sel, denrée de première nécessité, est consommé en grande partie par les travailleurs, et l'impôt qui le frappe n'est pas seulement une fois, deux fois, trois fois, mais bien DIX FOIS plus que sa valeur réelle, tandis que sa valeur vénale est dix-sept fois sa valeur intrinsèque; donc l'impôt du sel est plus qu'injuste.

C'est, au reste, la conclusion que je veux tirer de l'exposé des faits discutés dans cette brochure. Mais comme, avant toutes choses, je désire convaincre les lecteurs, s'ils ne le sont déjà, et les contradicteurs, c'est-à-dire les hommes d'État qui, par position, sont appelés à défendre toutes sortes d'impôts, parce que tout impôt produit au budget, je développerai succinctement l'historique de la législation sur l'impôt du sel, afin qu'on puisse se prononcer, les pièces en main, sur cet important sujet.

J'ai cherché à fixer l'attention des mandataires du pays sur ce qu'a d'oppresseur une législation indigne de notre époque si éclairée d'ailleurs en matière d'administration des finances.

L'histoire de la législation de l'*impôt du sel* embrasse les trois époques suivantes :

1° L'époque des gabelles;

2° La législation provisoire de 1790;

3° La loi de l'impôt de 1806.

Cette dernière a formé la législation encore en vigueur, avec quelques modifications au profit de son impopularité et au détriment des classes pauvres.

Après l'exposé historique de ces trois législations, j'entrerai, avec les comptes des finances, dans les détails de cet impôt considéré soit en lui-même, soit dans ses rapports avec le bien-être de la masse des consommateurs.

PREMIÈRE PARTIE.

I°.

DES GABELLES.

Avant la révolution de 89, le nom seul de *gabelles* suffisait pour soulever l'irritation générale. Un écrivain a résumé, en peu de lignes, ce qu'était l'impôt de la gabelle sous l'ancien régime : « L'inquisition, l'espion-» nage et la délation assuraient le produit de l'impôt du » sel ; le fusil, la potence et les galères étaient les agents » dont se servait le génie fiscal pour en prévenir la dimi-» nution. » On ne pouvait pas mieux flétrir cet odieux monopole, dont nous dirons bientôt tous les motifs qui portèrent à l'inventer.

« L'impôt établi sur cette denrée et connu sous le nom » de *gabelle,* dit Guyot dans sa *Jurisprudence ancienne,* forme » une des branches les plus considérables des revenus de » l'État. »

Telle est, en partie, la raison de cette espèce d'attachement qui a porté tous les pouvoirs à se cramponner, malgré toute équité naturelle, à cette branche du produit public. Au lieu de chercher les moyens d'alléger cet impôt et de lui substituer d'autres revenus partiels, on a mieux aimé s'arrêter de préférence à celui-ci, comme étant plus productif.

Aussi, sous l'ancien régime, a-t-on eu soin de bien établir cette législation uniquement dans l'intérêt du fisc.

Parmi les différentes opinions émises sur l'origine de l'impôt du sel, il en est une qui la fait remonter à l'an 1358, époque où les États-Généraux octroyèrent une taxe sur le sel pour la rançon du roi Jean, prisonnier des Anglais. Selon quelques auteurs, son origine serait postérieure, et la *gabelle* daterait seulement du règne de Philippe de Valois, que, pour cette raison, Édouard III appelait ironiquement l'*auteur de la loi salique.*

Quoi qu'il en soit, la *gabelle,* consentie d'abord par les États-Généraux pour des besoins momentanés de l'État, devint bientôt fixe et permanente. Elle suivit ainsi cette progression :

En 1537, l'impôt de la gabelle fut porté au quart de la valeur du sel;

En 1543, il atteignit les trois huitièmes de la valeur, et l'impôt était perçu indistinctement dans toutes les provinces du royaume, excepté la Bretagne;

En 1549 et 1553, le Poitou, la Saintonge, l'Aunis, le Haut et Bas-Limousin, le Périgord et la Haute-Guienne se rédimèrent de la gabelle moyennant une somme de 1,743,500 livres;

D'autres provinces s'affranchirent de la gabelle ou obtinrent de grands adoucissements dans le chiffre de l'impôt, en consentant une augmentation sur les tailles.

Mais l'ordonnance de 1680 établit d'une manière fixe et invariable la fiscalité de l'impôt du sel. C'est elle qui, divisée en XX titres, règla la conduite, la régie et l'administration de cette partie des finances, ainsi que nous allons le constater.

Selon cette ordonnance, une des premières charges pour les propriétaires des marais salants était l'obligation de fournir *quinze mille muids,* mesure de Paris, du meilleur sel au fermier des gabelles, et cela au prix courant et de préférence à toute autre personne.

Cette obligation était onéreuse et vexatoire; elle plaçait les propriétaires des marais salants, vis-à-vis de ce dernier, dans une condition insupportable. Ainsi, des amendes considérables, des punitions corporelles devenaient les nécessités d'un marché forcé dont les bases étaient toujours posées par le fisc lui-même.

On sent que les exigences oppressives du fisc ne pouvaient créer des partisans à la gabelle.

L'arbitraire, qui sacrifie toujours l'intérêt général à l'intérêt particulier, éclate surtout dans le titre IVe, qui concerne le transport du sel. Il suffit, pour savoir tout ce que ce titre renferme d'inhumain, de lire l'édit confirmatif de 1696.

« Un nommé Villot, mesureur-juré, fut condamné au » bannissement de trois années, à se défaire de son office, » à cent livres d'amende envers le roi, en mille livres de » dommages et intérêts, de réparation civile envers l'ad- » judicataire des fermes, et aux dépens du procès, pour » avoir volé HUIT LIVRES DIX ONCES de sel sur la masse en » vente, *en faisant les fonctions de son office.* »

Peut-on concevoir une pénalité plus rigoureuse, appliquée au fait d'une maladresse plutôt qu'à l'acte d'un vol intentionnel !

« Un impôt, disent les jurisconsultes, ne doit porter sur » ceux qui le payent qu'en raison de leurs facultés. »

L'ordonnance qui régissait les gabelles avait été rédigée dans un sens tout opposé à cette formule législative.

En effet, d'après le titre VI, il y avait obligation pour tout habitant d'une paroisse de prendre du sel dans les greniers du fisc, en quantité déterminée par les employés des gabelles, de sorte qu'il ne pouvait s'en dispenser, soit qu'il le consommât ou non.

Ainsi, tous les ans, on procédait à un recensement individuel, en inscrivant d'abord le nom, la qualité et l'emploi de chaque habitant de paroisse sur un registre spécialement destiné à la gabelle; on mettait ensuite le nombre des personnes dont chaque famille se trouvait composée; et, d'après ce relevé, le fisc procédait contre ceux qui ne prenaient pas le sel nécessaire, *à raison d'un minot pour quatorze personnes* POUR LE POT ET SALIÈRE.

C'était là de l'odieux en législation!

Aussi, à l'exemple des États-Généraux, qui s'étaient plaints d'une taxe qui exposait les citoyens à de nombreuses vexations, les assemblées provinciales réclamèrent à leur tour contre la barbarie d'une telle législation. Celle de la Haute-Guienne de 1781, sur la proposition *des membres de la noblesse*, exprima en ces termes, dans ses cahiers, son mécontentement contre le régime des gabelles : « Dans un » système de finances simple, disaient-ils, il faut substituer » à des taxations sans principes, à des taxations qui portent » sur des principes faux, qui, en ajoutant *cinq* de taxe à un » objet qui n'en vaut que *trois*, le portent à *huit*, et donnent » au marchand le privilége d'exiger *quinze* pour ce qu'il » n'eût osé vendre que *quatre*, des taxations plus justes, » plus régulières, et surtout plus équitables. »

Les assemblées provinciales du Berry de l'année 1780 renferment, dans leurs cahiers, des plaintes non moins justes et non moins sévères. « Ainsi, disent les députés *des » trois états*, tandis que l'abondance de nos productions fait » placer le Berry au nombre des meilleures provinces du » royaume, nous gémissons, comme administrateurs, de » la faiblesse de sa population, de l'affaiblissement de ses » parties, de la modicité de ses fortunes, et surtout de la » misère extrême des dernières classes des citoyens. Ce » contraste étonnant nous a paru tenir à plusieurs princi- » pes, à l'assiette arbitraire de l'impôt et *aux ravages affli- » geants de la gabelle*. »

A ces justes réclamations on ne répondait que par le silence. *La noblesse et le clergé* étaient les plus rudes adversaires de la gabelle. Alors, à la tête du gouvernement des gabelles se trouvait placée une espèce de traitants, véritables loups-cerviers de l'époque, qui faisaient rendre à l'impôt plus qu'il ne pouvait donner, et qui, à l'imitation des loups-cerviers d'aujourd'hui, savaient travailler le peuple en finances.

La noblesse surtout, soit par intérêt de corps, soit par instinct de générosité, s'éleva contre la taxe des gabelles, et fit une rude opposition à la ferme générale dans les États-Généraux comme dans les assemblées provinciales. Il est vrai qu'un article de l'ordonnance de 1680 regardait comme déchus, eux et leur race, tous nobles coupables de contrebande, et leurs maisons, qui avaient servi à la perpétration du crime, étaient rasées. Il y avait, dans ces dispositions exceptionnelles, par surcroît pour la noblesse, un véritable motif de haine contre la gabelle.

« La raison, l'équité et la loi seules doivent gouverner » l'homme en société, » a dit l'auteur de *l'Esprit des lois.* Cette vérité n'était ni implicitement ni explicitement renfermée dans le titre VIIIe de l'ordonnance qui avait pour objet la distribution du sel par impôt.

D'après cet article, cet impôt portait sur le prix du sel, par paroisses; de sorte qu'une paroisse payait, une année, la livre du sel *huit sous*, tandis qu'une autre paroisse, la même année, ne la payait que *six sous*. De plus, la quantité du sel à prendre par paroisse se trouvait limitée et fixée par les commissaires nommés *ad hoc* par le fisc lui-même.

Conformément aux dispositions de ce titre, les habitants qui étaient plus taxés qu'ils ne devaient l'être, se voyaient donc condamnés à prendre du sel par extraordinaire, selon l'état de leur famille. Tout habitant qui ne prenait pas le sel dont il avait besoin pour sa provision, dans le grenier de sa paroisse, soit pour son usage ou pour les salaisons, était condamné en restitution des droits de gabelle, et à les payer sur le pied d'un minot pour quatorze personnes pour le pot et salière seulement, et à *cent cinquante livres* d'amende. Le minot était une mesure qui équivalait à cent livres environ, poids de marc. On appelait ce sel *le sel du devoir*, dont nous allons bientôt indiquer l'origine.

Cette législation barbare n'étendait pas également la gabelle sur toutes les provinces de la France. Elle avait créé des pays privilégiés qui, jouissant d'une exemption ou totale ou partielle de droits, rendaient le poids de l'impôt qui pesait sur les pays des gabelles bien plus onéreux encore.

Ainsi, on divisait les contribuables en cinq grandes catégories, selon les localités qu'ils habitaient, et on les désignait sous les noms suivants :

1° Le pays des grandes gabelles, qui subissait le droit du sel avec toutes les surtaxes *successives*. Dans ce pays, le sel valait jusqu'à quinze sous la livre de seize onces, poids de marc.

2° Le pays des petites gabelles. Contrairement au premier, celui-ci avait trouvé le moyen de se mettre à l'abri de ces surtaxes successives.

3° Le pays des gabelles locales ne différait en rien de celui des petites gabelles, si ce n'est dans la désignation seulement des lieux. Ainsi, on appelait pays des gabelles locales la Franche-Comté, la Lorraine, les Trois-Évêchés et le Rhételois.

4° Le pays rédimé était celui dans lequel les habitants s'étaient affranchis de la gabelle, ou avaient obtenu de grandes modifications dans le droit, soit à prix d'argent, comme le Poitou, la Saintonge, l'Aunis, le Haut et le Bas-Limousin, le Périgord et la Haute-Guienne, qui se rédimèrent de la gabelle moyennant une somme de 1,743,500 livres, soit en se soumettant à d'autres impositions.

5° Enfin, le pays exempt était celui qui, comme la province de Bretagne, ne connaissait pas le droit de gabelle.

On ne doit ranger dans aucune de ces classes la province de Normandie connue sous le nom de *pays du quart bouillon*, parce qu'elle continuait d'acquitter en nature l'ancien impôt de quart avec la surtaxe d'un huitième.

Cette étrange constitution des gabelles, qui faisait payer dans une province le sel vingt fois plus cher que dans une autre, est renfermée dans les titres XIII et XIV de l'ordonnance de 1680. Le titre XVIe traite du commerce du sel dans le Poitou et les autres pays rédimés, et des dépôts établis dans les paroisses limitrophes du pays des gabelles.

Parmi les différentes dispositions que contient ce titre, nous remarquons les suivantes :

Les habitants de la province de la Bretagne, exempts du droit de gabelle, ne pourront faire aucun amas de sel dans les paroisses voisines de deux lieues des derniers villages ou hameaux des provinces de Normandie, Maine et Anjou. Et cela, est-il dit, « au delà de ce qui est nécessaire » aux habitants pour leur usage et consommation de leur » maison pour six mois, à raison d'un minot du poids de » cent livres de marc pour sept personnes par chacun an.

» Néanmoins sont exceptées de cette obligation les villes » de Dol, Fougères, Vitré, La Guerche, Châteaubriant, » Ancenis, Clisson, dans lesquelles le sel ne pourra être » vendu que sous les halles aux jours et heures du marché. »

Ajoutez à toutes ces prescriptions plus ou moins vexatoires l'immense pouvoir de la juridiction des gabelles, la police générale des officiers du fisc, les visites et recherches domiciliaires des fermiers, commis et gardes, les confiscations, les amendes, etc., et l'on aura une idée encore imparfaite de ce qu'était le régime des gabelles, dont il nous reste encore la plus grande partie des vexations.

Certes, il fallait déjà qu'en 1580 la gabelle fût un impôt bien oppresseur pour engager les membres des États-Généraux assemblés à Blois à tenir le langage suivant : « Du temps » de nos comtes, disent les députés du pays de Languedoc, » on ne savait ce que voulait dire ce nom de gabelle. La » franchise était telle, que le Languedoc départait libérale- » ment à ses voisins telle et si grande quantité de sel qu'il » voulait ; de manière qu'étant voituré et rendu aux extré- » mités des fermes du tirage du sel à la part du royaume et » Dauphiné, le septier ne revenait à la *centième partie* de ce » qu'il vaut aujourd'hui. »

L'état des finances de 1580 porte le produit de la gabelle, pour les trente dernières années, à la somme énorme de *cent quarante-huit millions* de livres tournois. Or, la journée d'un ouvrier, à cette époque, était fixée seulement à 6 sous ; — et c'était un siècle avant que l'ordonnance de 1680, qui établit cette législation, ne parût encore.

Depuis la création de cette ordonnance, on n'a jamais reculé devant aucun excès pour parvenir à réaliser l'impôt du sel. Tout l'arbitraire qui domine cette législation peut se résumer dans les faits que nous allons exposer, comme preuves incontestables de la barbarie du régime des gabelles.

Ainsi, pour assurer l'intérêt du fisc contre la fraude, les fermiers des sels inventèrent des moyens oppresseurs qui eurent pour résultat d'occasionner, chaque année, plus de cinq mille visites domiciliaires, de faire opérer plus de quatre mille saisies et d'obtenir la condamnation, par un tribunal exceptionnel, celui des gabelles, de plus de cinq cents chefs de famille aux galères et aux autres peines afflictives.

Le monopole du sel s'étendait encore à l'eau salée de la mer, qui ne fit plus partie du domaine public (ce qui existe encore aujourd'hui pour toute la France).

Défense était faite à tout individu de puiser de l'eau de

la mer et des sources salées dans toute l'étendue du pays des gabelles.

Tout délinquant en récidive encourait une amende de *dix mille livres* et la confiscation tant des vaisseaux et instruments propres à puiser, que des chevaux et voitures qui avaient servi à leur transport.

Mais l'énormité de l'amende ayant produit un effet tout contraire à celui que le fisc en espérait, intervint la déclaration du 22 février 1724, qui modifia l'ordonnance du mois de mai 1680, dans ce sens que les délinquants n'étaient condamnés seulement qu'à vingt livres d'amende pour un pot d'eau, jusqu'à dix inclusivement, et à celle de soixante livres pour une quantité excédant dix pots.

En cas de récidive, les amendes étaient doublées et portées pour la troisième fois à *cent livres*, sans égard à la quantité de l'eau salée saisie.

A ces prohibitions qui frappaient d'interdit l'eau salée de la mer, il faut joindre les défenses inouïes qui protégeaient l'impôt du sel en lui-même.

La loi déclarait *faux sel* non-seulement tout sel provenant de l'étranger, dont l'introduction non autorisée était interdite sous peine des galères, mais encore tout sel de France pris ailleurs que dans les greniers du fisc.

On verra bientôt, à la seconde partie de ce travail, que, sauf les galères, nous sommes soumis au même régime sous l'empire des lois existantes.

Les vingt titres de l'ordonnance de 1680 qui a établi la législation des gabelles, composent tout le système de régies auquel était assujetti l'impôt du sel. Il est renfermé dans ces quatre divisions :

1° Régie des greniers d'impôts;

2° Régie des greniers de vente volontaire;

3° Régie des dépôts;

4° Régie des petites gabelles.

Or, pour mettre à exécution un pareil système de régies, ce qu'il fallut de force et de moyens coercitifs est effrayant à imaginer. Il fallut *douze cents lieues* de barrières intérieures, une armée de préposés, et soutenir une guerre continuelle avec les contrebandiers. Néanmoins, la multiplication des barrières, l'augmentation des gardes et la terreur même des lois préventives et afflictives furent toujours insuffisantes pour réprimer efficacement cette contrebande, surtout dans les provinces qui supportaient inégalement la rigueur de l'impôt.

Enfin, un seul exemple que nous citerons, sur un grand nombre, témoignera combien le régime des gabelles était odieux par lui-même. Nous avons dit plus haut ce qu'on appelait *sel du devoir* : c'était la quantité de sel à laquelle chaque paroisse était imposée par les officiers du fisc dans le pays des grandes gabelles.

Cependant, en dehors de ce *sel du devoir*, ceux qui désiraient faire des salaisons étaient encore tenus de lever directement au grenier du fisc le sel nécessaire pour cet objet. S'ils employaient à ces salaisons *tout ou partie* du sel du devoir, ils encouraient une forte amende et la confiscation des choses salées.

Les *nobles* et les *ecclésiastiques* étaient assujettis au *sel du devoir*, dans la proportion de *sept livres* par tête; et, en outre, ils étaient tenus de prendre, dans les greniers du fermier, tout le sel dont ils avaient besoin pour leurs salaisons, ce que l'on constatait par des billets de gabellement.

Telle a été cette taxe de la gabelle, véritable loi draconienne portée contre les besoins de l'homme, le bien-être des animaux, et les progrès de l'agriculture.

Il est évident que l'excessive rigueur de l'impôt et l'atrocité des lois pénales qui en étaient la conséquence ont fait un mal immense à la France.

La gabelle a été un de ces grands crimes administratifs

et politiques dont un pouvoir ne se serait jamais rendu coupable, s'il n'avait pas eu pour conseillers des hommes pervers qui travaillaient contre ses véritables intérêts. Les financiers de cette époque, gens qui, pour l'honneur des trois ordres, ne représentaient ni la noblesse, ni le clergé, ni le tiers-état contribuèrent à perdre la monarchie en établissant un nombre infini d'impôts qui, mal répartis, irritèrent les populations plutôt par leurs formes et leurs vexations que par l'exagération du chiffre total de l'impôt. De sorte qu'on peut affirmer à bon droit que la gabelle a été l'un des grands griefs articulés par 1789 contre l'ancien régime, et qu'elle n'a pas peu servi, par le souvenir de ses excès, à amener la chute de la monarchie.

II°

DE LA LÉGISLATION PROVISOIRE DE 1790.

> « Si les représentants de la nation approfondissaient l'in-
> » fluence de l'impôt du sel sur l'aisance du travailleur,
> » ils verraient que par cet impôt la vie, l'aisance et l'in-
> » térêt du peuple ont été scandaleusement immolés à
> » la première réquisition des insatiables agents du fisc. »
>
> (BESLAY.)

Lorsque la révolution de 89 éclata, la gabelle était donc jugée définitivement; de toutes parts on réclamait son abolition, elle ne pouvait être refusée.

Aussi, l'Assemblée nationale, forcée en quelque sorte par l'opinion publique à se prononcer contre le régime de l'impôt du sel établi par l'ordonnance de 1680, rendit le décret du 23 septembre 1789, qui, en attendant la suppression complète de la gabelle, réduisit provisoirement le prix du sel, dans les greniers royaux, à trente livres le quintal, soit *six sous* la livre de seize onces.

Parmi les principales dispositions de ce décret, nous remarquons celles-ci :

« La gabelle sera supprimée aussitôt que le remplacement

en aura été concerté et assuré avec les assemblées provinciales.

» Provisoirement le sel ne sera plus payé que trente livres par quintal, poids de marc, ou six sous la livre de seize onces, dans les greniers des grandes et petites gabelles.

» Les règlements qui ont soumis les contribuables à lever annuellement dans les greniers de leur ressort une quantité déterminée de sel, et qui leur ont défendu de faire de grosses salaisons sans déclaration, n'auront plus lieu également.

» Tout habitant jouira de la liberté des approvisionnements du sel nécessaire à sa consommation dans tels greniers qu'il voudra, et pourra l'appliquer à tel emploi que bon lui semblera, soit de menues, soit de grosses salaisons.

» Les saisies domiciliaires sont abolies et supprimées; il est défendu aux employés de s'introduire dans les maisons et d'y faire aucune recherche ni perquisition.

» Les commissions extraordinaires et leurs délégations pour connaître de la contrebande sont révoquées, et les contestations dont les dites commissions connaissent seront portées par-devant les tribunaux compétents. »

Le même décret apporta des modifications importantes au code pénal de la gabelle.

Enfin, par un décret du 30 mars 1790, la gabelle fut supprimée et remplacée par une contribution de quarante millions de livres à répartir, chaque année, sur toutes les provinces autres que celles qui étaient franches et rédimées, que le décret assujettissait seulement à une imposition annuelle de deux millions de livres.

Avant de faire connaître les principales dispositions de ce décret, nous devons dire, en peu de mots, les motifs que l'on fit valoir dans cette circonstance.

L'Assemblée nationale consacra onze séances à la discussion du projet de décret sur la suppression de la gabelle présenté par M. Dupont, commissaire nommé par le comité des finances. Deux propositions furent émises à ce sujet par divers membres :

La première avait pour but d'abolir purement et simplement le régime des gabelles.

La seconde proposition avait pour but de pourvoir à son remplacement, et c'est alors que les opinions commencèrent à être partagées. Il se forma trois systèmes différents, qui tendaient : le premier à remplacer les 60 millions produits par la gabelle, par un équivalent d'imposition ; ce qui n'était que changer le nom de gabelle en laissant subsister toujours la charge. Cet avis était impolitique et maladroit à la fois. « Il ne faut pas, dit alors à ce sujet M. Delley d'A-
» gier, à propos de remplacement, que les provinces payent
» une somme de contribution égale à celle qu'elles payaient
» sous un régime de fer. Nous n'aurions rien changé dans
» l'abolissement de la gabelle. Je pense donc que le prix
» du sel doit être modéré et fixé par vous. Il faudra pour
» cela *calculer le prix d'achat, celui de transport*, et par ce
» moyen le peuple aura du sel meilleur et à meilleur mar-
» ché. »

Le second système consistait à fixer le remplacement de la gabelle par une imposition de 40 millions, faisant ainsi une remise d'un tiers seulement sur le produit de la gabelle. A cette proposition l'abbé Maury prit la parole. « Le sel,
» s'écria-t-il, est un cinquième élément ; la disette du sel
» ou sa cherté est donc au nombre de ces calamités que le
» corps législatif doit prévenir. Il est donc avantageux de
» rendre au peuple le service essentiel de fixer le sel à un
» prix si bas qu'*il ne puisse pas y avoir d'avantage à faire la*
» *contrebande*. » En ne fixant pas le chiffre du remplacement, l'abbé Maury indiquait ainsi le but que devait atteindre le décret qui faisait l'objet de la discussion.

Enfin, le troisième système n'établissait ni l'équivalent.

ni les deux tiers du produit de la gabelle; mais il déterminait l'impôt du sel selon les règles naturelles de l'équité, ne se préoccupant en rien de la question financière. Dans ce sens, le prix du sel étant baissé au *minimum*, il fallait laisser à la consommation le soin de produire le *maximum* de l'impôt déterminé.

Selon d'autres orateurs, cet impôt, dont le peuple ne devait pas s'apercevoir, pouvait être de 8 *deniers* par livre à l'extraction du sel des marais salants. Quelques-uns ajoutaient encore que, pour obtenir ce résultat, le commerce devait être libre, et que, dans cette question comme dans d'autres, l'État ne pouvait être ni banquier ni commerçant.

La question ainsi agitée donna lieu au décret du 30 mars 1790, dont voici les principales dispositions :

« Une contribution de *quarante millions* par année, et formant les deux tiers seulement du revenu net de la gabelle et du quart-bouillon, sera répartie *provisoirement* sur les pays de grandes gabelles, de petites gabelles, de gabelles locales et de quart-bouillon, en raison de la quantité du sel qui se consommait dans ces pays. »

« Une contribution de *deux millions* par année, formant les deux tiers du revenu des droits de traite de toute espèce, sera également répartie sur ces pays. »

Ces deux contributions devaient porter sur les impositions réelles et personnelles, tant des villes que des campagnes, et sur les droits des consommations dans les villes; elles devaient être établies au marc la livre sur les impositions directes.

Le sel déposé alors dans les greniers de l'État et des particuliers pouvait être vendu au prix indiqué par la concurrence, et ne devait pas s'élever au-dessus de *trois sous* la livre, poids de marc.

Ce décret ouvrait en même temps les portes des prisons,

annulait les procès criminels pour fait de gabelles, remettait en liberté les condamnés aux galères et assurait leur retour à leur domicile; en un mot, réparait tout le mal qu'avait occasionné, en dernier lieu, le régime oppresseur des gabelles.

Cette législation provisoire et toute vicieuse qu'elle était, en ce sens qu'elle établissait un impôt qui ne pesait que sur une partie des provinces, ne laissa pas pourtant de produire d'heureux résultats. Elle se trouva complétée, au reste, par des décrets subséquents qui vinrent réparer successivement le mal indirect qu'une législation imparfaite n'avait pu effacer entièrement.

Ainsi, un décret du 15 avril 1790 révoqua et supprima l'affectation aux salines de Dieuze, Moyenvic et Château-Salins, des bois qui appartenaient à des communautés, à des propriétaires, et dont on les avait arbitrairement spoliés dans l'intérêt des salines du fermier général.

Mais l'acte complémentaire que fit l'assemblée nationale, et qui commença à donner à la nouvelle législation une action plus libre, fut la suppression du bail général des fermes.

La gabelle avait constitué, administrativement, un véritable monde d'offices et d'employés qui ne pouvaient subsister sous l'empire de la nouvelle loi. Il fallait se débarrasser d'eux et pourvoir à leur subsistance; c'est ce que l'assemblée nationale fit avec une grande justice.

D'abord elle abolit le titre de fermier-général auquel se rattachaient tant de souvenirs malheureux. Mais elle dédommagea le titulaire de ses avances, de ses fournitures, et de toutes les dépenses qu'il avait faites dans l'intérêt de sa charge.

Elle supprima ensuite tous les juges et officiers des gabelles en titre d'offices quelconques, et procéda à leur li-

BIBLIOTHEQUE ROYALE

quidation; acquitta leurs gages jusqu'au jour de leur suppression, et pourvut au payement de leur finance jusqu'à leur remboursement.

Le décret portait, en outre, que la nation renonçait pour l'avenir à tous les priviléges sur les salines de Peccaïs, Hières, Barres, Badon, Peyriac et Sijean, et qu'on n'établirait d'autres droits que ceux qui pesaient sur les sels alors fabriqués. Les salines étaient remises à la libre disposition des propriétaires.

Enfin, il maintenait les notaires et les huissiers aux greniers à sel dans leurs charges, qu'ils pouvaient exercer en concurrence avec les autres notaires et huissiers.

Ce grand échafaudage des gabelles une fois renversé, l'Assemblée nationale marcha vite dans le chemin des réformes. Une des premières entraves aux progrès de la nouvelle législation provisoire sur l'impôt du sel, qu'il fallait savoir lever, était l'encombrement de cette denrée aux dépens de la production nationale. En conséquence, un décret du 22 mai 1790 prévint toutes craintes à ce sujet en prohibant d'abord l'entrée du sel étranger dans le royaume; ensuite, pour obvier à un danger contraire, un second décret du 26 juillet 1790 régla la fourniture du sel à l'étranger de manière à régulariser la vente de cette denrée nationale sans porter atteinte à la consommation intérieure.

Ainsi tombait tous les jours le régime de la ferme et de la régie.

La nouvelle législation provisoire sur l'impôt du sel, établie par l'assemblée nationale, résista long-temps, malgré toutes ses imperfections, à tout autre projet réformateur proposé dans les assemblées suivantes.

La Convention elle-même dans sa fameuse loi du *maximum*, rendue le 28 septembre 1793, respecta l'impôt du sel tel que l'Assemblée nationale l'avait établi.

Sur l'observation de plusieurs membres qui se plaignaient que les accapareurs faisaient augmenter le prix du sel et du tabac, ce qui encouragerait le monopole si on augmentait leur valeur à un tiers de plus, on demanda un décret particulier pour la fixation du prix de ces denrées en dehors de la loi du *maximum*.

En conséquence il fut décrété, sur l'avis d'Osselin, que le *maximum* du prix du sel ne serait que de deux sous la livre, poids de marc; ce qui fut dénitivement réglé par un décret du 29 septembre 1793.

Cette question du droit sur l'impôt du sel fut remise plusieurs fois en discussion au sein des législatures suivantes, tantôt sur un pied exclusivement en faveur du monopole, tantôt dans une extension entièrement favorable à la suppression; mais on ne parvint jamais à déterminer rien de fixe et de régulier.

Cependant le Conseil des Anciens, dans sa séance du 20 juin 1797, essaya, par l'organe de quelques-uns de ses membres, de faire revivre en partie l'ancien régime des gabelles. La proposition d'établir les salines en ferme fut vivement appuyée; mais M. de Barbé-Marbois, prenant la parole, formula son opinion en déclarant que la ferme était un moyen désastreux pour l'État, attendu qu'en finances il *donnait à des traitants* des bénéfices qu'ils ne manqueraient pas de faire, et dont l'État devait profiter de préférence à eux.

« Je suppose, continua-t-il, que dans l'état actuel des » salines, la formation du quintal de sel coûte *deux francs;* » si la nation les répare et les administre, le sel ne revien» dra qu'à *vingt-cinq sous* la livre. Ainsi, il y a intérêt pour » l'État à faire lui-même cette exploitation. »

Dans le système de ferme on obligeait le fermier à faire du sel au prix convenu, et l'impôt venait en sus prendre sa part. Cette manière de procéder était vicieuse sous tous les rapports, tandis que le meilleur moyen d'administrer les salines, disait M. de Barbé-Marbois, consistait à les faire régir pour le compte de l'État. Cette régie qu'il proposait ne devait pas être simple, mais intéressée ; dans ce sens qu'on engageait les exploitants à des bénéfices, tout en fixant un *maximum* que cette régie ne pouvait point excéder pour un quintal de sel.

Sur les conclusions de M. de Barbé-Marbois, le Conseil des Anciens déclara que la mise en ferme était rejetée, et qu'il fallait que le Directoire mît les salines en régie intéressée.

Le prix du sel était alors, sous le Directoire, de 10 livres le quintal pris à la saline, et les consommateurs ne le payaient que 2 sous 6 deniers. « Ce prix est modique, disait » M. de Barbé-Marbois, et n'excite aucune plainte. »

Mais le Directoire tenait essentiellement à constituer cet impôt ; aussi, dans la séance du 23 janvier 1799, le Conseil des Anciens fut saisi de nouveau de cette importante question.

Il s'agissait alors d'obtenir un impôt permanent de *vingt millions*, et, pour cela, on voulut l'établir sur le sel, au moyen d'une taxe d'un décime par kilogramme. Cette proposition révolta la majorité des membres du Conseil, qui déclarèrent :

1° Que cet impôt était *inconstitutionnel*, parce qu'il n'était pas réparti également sur tous les contribuables, selon leurs besoins, et qu'il pesait plus sur le pauvre que sur le riche ;

2° Qu'il *nuisait* à l'agriculture et aux bestiaux ;

3° Qu'il était *injuste* parce qu'il pesait sur les propriétaires des marais salants, qui payaient déjà la contribution foncière de ces marais.

A ces différents arguments, M. Legrand, organe du pouvoir, fit cette singulière réponse : « On ne demande rien au » propriétaire ; ce n'est qu'au marchand du sel qu'on de» mande l'impôt, et le marchand le recouvrera sur le con» sommateur. »

Or, le consommateur était le peuple; ce qui détruisait directement la réponse de M. Legrand, qui, dans un précédent discours, prétendait que le propriétaire seul consommait la plus grande partie du sel, « parce que, disait-il, » c'est lui qui a des domestiques, des valets, etc., auxquels » il paye cette denrée. »

4° L'impôt ne sera pas *productif*, continuaient à répondre les adversaires du projet. On sait qu'il l'a été beaucoup par les moyens qu'on a su créer pour cela, et on sait au détriment de quels droits!

5° Il était *immoral*. A cette objection, M. Legrand répondait : « Nous n'avons pas à choisir; c'est le seul im- » pôt qui reste à établir, et l'impérieuse nécessité ne nous » permet pas de balancer sur son établissement. Il existe » un déficit, il faut le combler. »

M. Cornet, répondant à l'orateur du gouvernement, démontra que le kilogramme du sel, élevé d'*un décime* (2 sous), n'aurait pas même le résultat qu'on en attendait, c'est-à-dire le produit de *vingt millions*, parce que les frais de perception et de surveillance des douanes portaient la dépense à *quatre millions cinq cent mille francs* (4,500,000 fr.).

Il proposa donc, pour obtenir ces *vingt millions* de recouvrement, au lieu d'un impôt sur le sel, de doubler la taxe sur les portes et fenêtres. Par ce moyen, on laissait le sel à *un centime*, par livre, à son entrée dans les ports et les havres; « et cet impôt, dit-il, sans vexer, sans gêner per- » sonne, sans occasionner de frais de perception, rappor- » tera au moins autant que le droit proposé sur le sel. »

Il est à remarquer, au reste, que les arguments dont se servaient les partisans du projet étaient faibles et de peu de valeur; ainsi, tous ne se prévalaient que de la situation malheureuse où se trouvaient les finances et de la crainte du déficit. Aucun n'osait aborder la question en face.

Mais ce qui paraissait le plus plausible dans les raisonnements des organes du pouvoir, c'est que l'impôt du sel devait servir à remplacer la taxe de l'entretien des routes.

A cette proposition, M. Baudin répondait : « Si c'est un » devoir pour nous de donner au gouvernement les fonds » dont il a besoin, ce n'est pas une obligation moins sacrée » pour nous de ménager la sueur du peuple ; un crédit ouvert n'est pas une autorisation de le prodiguer ni surtout » de l'épuiser, car *on s'accorde à dire que nos dépenses forment* » *la liste civile de la déprédation.* »

Ce raisonnement, qu'il étayait de l'opinion de Frédéric, roi de Prusse, qui disait à propos des finances de la France : « *Au lieu de dire : J'ai tant de revenu, je ne dois donc dépenser que* » *tant; on dit en France : Je veux dépenser tant, créez des ressour-* » *ces;* » ce raisonnement fit une profonde impression sur l'esprit des sénateurs.

A cette époque, le budget ne s'élevait qu'à la somme de *six cents millions.*

« On a dit que l'impôt proposé, s'écria à son tour Lemer- » cier, était *immoral;* je dis qu'il est *inhumain.* Ce n'est point » encore la gabelle, mais cela sera bientôt; car c'est elle que » vous créez, à peu de chose près. Qu'est-ce, en effet, » qu'une armée de soldats, des déclarations, des visites, » des peines, si ce n'est ce régime odieux? Quels sont les » pays sur lesquels il pèsera plus spécialement ? Prenez une » carte de France et jugez ! »

Il semblait que la question fût épuisée en faveur des adversaires du projet, lorsque M. Lassay vint la raviver au profit de ces derniers. Comme ses arguments éclairent la question qui s'agite de nos jours, nous allons les faire connaître, quoi qu'ils paraissent être une reproduction de ceux que nous avons rapportés plus haut ; mais ceux-ci rentrent plus dans les détails de la discussion.

« *L'impôt du sel,* disait ce sénateur, *est* ruineux *pour le commerce de cette denrée, qu'on ne pourra plus faire, comme à présent, avec des capitaux modiques, et qu'il faudra livrer à des compagnies exclusives, qui, seules, pourront faire l'avance de l'impôt. Il faudra, pour la même raison, leur livrer les salaisons, ce qui détruira toute concurrence, et en augmentera le prix.*

» *L'impôt est* inconstitutionnel, *parce qu'il n'est pas réparti entre les contribuables suivant leurs facultés. L'indigent consomme plus de sel que le riche, parce qu'il faut le dire, à la honte des mœurs, l'indigent a toujours plus d'enfants que le riche; et sa nourriture, étant plus grossière, a besoin d'être plus assainie.*

» *L'impôt est, en outre,* nuisible, désastreux *à l'agriculture, surtout au pays de petite culture où les terres sont, en général, très-mauvaises et dont les habitants ne se nourrissent que de blé de Turquie ou de blé noir, auquel ils sont obligés d'ajouter beaucoup de sel pour le conserver. Il leur faut du sel pour en mettre dans leur pain, il leur en faut pour leurs salaisons. Si de bons aliments exigent beaucoup de sel, les mauvais aliments, qui sont toujours ceux du pauvre, en exigent bien davantage.* »

Après une longue discussion sur cette question de l'impôt du sel et une contre-épreuve, la proposition d'augmentation faite par le gouvernement fut rejetée à une assez forte majorité.

Ces débats révélèrent plusieurs faits assez importants, entre autres ceux-ci : « La consommation réelle du sel par » individu était de *vingt* livres. » Ce dernier fait est constaté par Giraud de Nantes, dans son travail sur les sels, pag. 13.

Avant la révolution de 89, la consommation totale en France, par les droits acquittés, était de *trois millions quatre cent trente-cinq mille quintaux*, sur une population calculée alors de 24 millions 800 mille âmes.

La contrebande établit la différence.

Le prix du sel aux marais salants de l'Océan et de la Méditerranée, la commission d'achat, les frais de mesurage et d'embarquement, le fret du prix et des voitures revenaient aux fermiers-généraux environ à 4 livres 10 s. le quintal.

La délibération du Conseil des Anciens, en 1790, est le dernier terme que l'on doive assigner à la législation provisoire de 1790.

III°.

LÉGISLATION CONSTITUTIVE DE L'IMPÔT DU SEL DE L'ANNÉE 1806.

« Par la réduction à 15 fr. de l'impôt du sel, de 30 fr. au
» moins que le gouvernement continue à percevoir, il
» n'y aura pas perte pour le trésor, car certainement
» l'agriculture doublera la consommation du sel. »

Ce que la Constituante, l'Assemblée législative, la Convention et le Directoire n'avaient pu ou n'avaient osé faire, l'Empire l'exécuta.

L'Empire représentait le règne de la force; on ne pouvait lui résister. D'ailleurs qui l'eût osé?

Cependant, malgré la volonté despotique de l'Empereur, les précautions oratoires que prit M. Arnould, rapporteur des finances et organe du gouvernement, furent inouies, tant la matière lui paraissait délicate et difficile à traiter sans irriter les esprits.

« Je viens, dit-il, vous proposer, sur l'impôt du sel, une
» loi qui doit *compléter le système général des finances*. Cette
» loi embrasse le passé, le présent et l'avenir. »

Il annonce ensuite avec emphase la suppression *de la taxe pour l'entretien des routes*, et pour cela il demande un droit de deux décimes par kilogramme de sel ; plus un droit particulier de *deux francs* par quintal sur les sels de toutes les fabriques de l'Est, même des salines impériales.

« Le droit établi, dit-il, sera dû par l'acheteur et payé » au moment de la déclaration de l'enlèvement. »

Comme s'il eût craint de s'être exprimé trop clairement par l'énoncé des conditions sur lesquelles reposait cet impôt, le rapporteur s'empresse d'ajouter, pour l'excuser en quelque sorte, que le produit en est affecté *exclusivement* à l'entretien des routes et aux travaux des ponts et chaussées.

« Au surplus, ajouta-t-il, je dépose la loi dont l'exécu- » tion aura lieu incessamment et contre laquelle on pourra » aviser pendant le cours de *trois années*, qui sont accor- » dées par l'Empereur pour recevoir les réclamations. »

On n'avait rien à répondre ; il suffisait de courber la tête en silence. C'est ce qu'on fit.

« C'est sous l'empire de cette même loi que nous nous trouvons encore aujourd'hui. »

Toute la pensée du législateur sur le nouvel impôt est résumée dans l'exposé des motifs que l'organe du gouvernement, M. Cretet, présenta au Corps-Législatif le 15 du même mois d'avril 1806.

« Depuis son institution, dit-il, le gouvernement délibère » sur l'importante question d'une contribution sur le sel. » Son attention se dirigeait d'autant plus sur cet objet, que » précédemment (en l'an VII) le Conseil des *Cinq-Cents* avait » voté cette contribution. Elle ne fut point adoptée par le » Conseil des Anciens.

» Mais, après avoir examiné mûrement toutes les consi- » dérations, le gouvernement a cru qu'il était de l'intérêt » de la nation d'établir une contribution de 2 décimes par

» kilogramme à l'extraction des lieux de la fabrication du sel.

» L'impôt sur le sel produit à la vérité une augmentation » sur une denrée de première nécessité, mais cette denrée » n'est pas la seule qui ait éprouvé un sort pareil par des » causes quelconques; dans ce cas, l'effet des accroisse- » ments produit un surhaussement de la main-d'œuvre dans » lequel la classe laborieuse trouve son indemnité.

» Les gabelles furent justement odieuses, parce qu'elles » étaient un impôt sans égalité et sans discrétion : — sans » égalité, parce que tel Français payait *quatorze sous* pour » la livre de sel, tandis que d'autres la payaient moins; » sans discrétion, puisqu'en élevant la livre de sel à 14 s. » on exigeait jusqu'à *vingt fois* sa valeur intrinsèque.

» Outre le droit des deux décimes par kilogramme, les » sels fabriqués dans les salines de l'Est seront soumis à » un droit particulier de *deux francs* par quintal métrique. » Ici la nation s'impose elle-même, puisque, propriétaire » de presque toutes les salines établies dans cette portion » de la France, ce droit deviendra une déduction sur le » prix des baux à ferme. »

L'orateur fait suivre l'exposé de ces motifs par la lecture du texte de la loi proposée.

Le titre VII indique que cet impôt remplace la taxe de l'entretien des routes.

Le titre XLVIII fixe la valeur de cet impôt qui est porté à *deux* décimes par kilogramme. Mais tous les sels fabriqués dans les salines des départements de la Meurthe, du Jura, du Mont-Blanc, de la Haute-Saône, du Doubs, du Bas-Rhin, du Mont-Tonnerre, payeront, outre le droit fixé par cet article, 2 fr. par quintal métrique du sel de leur fabrication.

Titre LIX. — Le produit de la contrebande, établie par la présente loi, est exclusivement affecté à l'entretien des routes et aux travaux des ponts et chaussées.

Cette loi rétablit ainsi la taxe du sel au profit du fisc, à l'extraction des marais salants et autres fabriques de sel. Mais, au lieu de *vingt-cinq centimes* du projet Malés, elle fixa le droit à percevoir à deux décimes par kilogramme (deux sous par livre); elle ajouta encore la surtaxe de deux francs par quintal métrique pour le sel provenant des fabriques de l'Est.

La législation impériale alla plus loin encore dans ses envahissements fiscaux, car la même loi du 24 avril 1806 portait, entre autres dispositions pénales, que toute fabrique établie sans déclaration préalable serait interdite à peine de la confiscation des ustensiles propres à la fabrication et de cent francs d'amende.

Enfin, le décret impérial du 11 novembre 1813 vint compléter ce système de législation, qui rétablissait le régime des gabelles. Ainsi, par ce décret on décida qu'il serait perçu deux nouveaux décimes; en tout *quatre décimes* par kilogramme de sel.

Le gouvernement impérial prétexta alors de l'*urgence des circonstances;* comme en 1806, il fit valoir l'abolissement de la taxe des routes pour asseoir le nouvel impôt du sel. Il établit, de la sorte, de son autorité privée, cette énorme surtaxe.

Le décret du 11 novembre n'exceptait de cette disposition que les départements situés au delà des Alpes, où la régie ne pouvait vendre le sel au-dessous de *soixante centimes* le kilogramme (six sous la livre).

Mais, après les événements politiques de 1814, le nouveau gouvernement comprit la nécessité de revenir sur le décret de 1813. La loi du 17 décembre 1814 fut rendue dans ce but. On était déjà loin des dispositions de la loi de 1806. Nous allons, au reste, établir la différence marquée qui existait entre ces deux législations, en analysant la loi de 1814.

La séance de la Chambre des députés du 25 novembre 1814 fut consacrée en entier à la discussion de cette importante question de l'impôt du sel. Le ministère, en déposant le budget de 1815, présenta en même temps une loi sur les douanes. Le titre IV avait rapport aux sels et offrit aux membres de la Chambre l'occasion d'émettre toutes leurs opinions sur cette matière. Il est à remarquer que la discussion fut abordée sans esprit de parti, avec toute la bonne foi possible.

M. Faure, rapporteur de cette loi, demandait, au nom de la commission, que la taxe sur les sels fût portée à *trois décimes* le kilogramme.

M. Casenave, au contraire, voulait que cette taxe fût réduite à *deux décimes* seulement.

« S'il pouvait, dit-il, à ce sujet, exister un déficit causé » par la réduction que je demande, il me semble qu'il » conviendrait de le couvrir par une augmentation sur » d'autres articles du tarif général des douanes, et en *di-* » *minuant les dépenses exagérées d'administration.* Et si ces » ressources étaient insuffisantes je soumettrais à la Cham- » bre l'idée de faire cesser cette cumulation de traitements » considérables dans tous les genres, qui épuisent le trésor » national et ajoutent à la misère publique. C'est sur la ré- » forme des grands abus que doivent se porter les regards » des représentants de la France. »

Les diverses objections qu'on fit valoir alors contre le projet du gouvernement avaient toutes pour résultat une considérable diminution de la taxe, et portaient sur ces divers axiomes financiers :

L'élévation du tarif n'assure pas toujours l'élévation de la recette.

En exigeant moins, en finances, on a souvent l'équivalent de la valeur demandée. Ainsi Turgot, qui imagina de diminuer de moitié le droit sur la marée, obtint l'année suivante le même produit pour le fisc.

« Le droit du sel, répondit à son tour M. Beslay, que » l'on regarde comme l'impôt par excellence, est une » grande erreur en économie politique. Je le regarde, au » contraire, comme le plus injuste et le plus funeste à l'in- » dustrie. Il n'est en aucune proportion avec les facultés de » ceux qui le supportent. Dira-t-on qu'il frappe également » la consommation du riche et celle de cette classe nom- » breuse et indigente dont la nourriture se compose pres- » que uniquement de la châtaigne, du maïs et du sarrasin, » substances fades qui ont besoin d'être relevées par une » dose de sel considérable ? » On ne peut trop citer les mêmes arguments en faveur des classes pauvres, renouvelés à toutes les assemblées législatives.

A tous ces arguments le rapporteur répondait qu'il fallait que les sels fournissent au moins *quarante-sept millions*. C'est le but, dit-il, qu'il fallait atteindre.

En vain lui opposa-t-on que l'augmentation du droit devait diminuer la consommation; que la diminution du droit, au contraire, pouvait seule, sinon élever la consommation, du moins la mettre au pair; en vain démontra-t-on que, l'effet de la surtaxe étant une surcharge onéreuse sur le prix du sel, il devait résulter une diminution immense dans la consommation, l'organe de la commission conclut toujours au droit de *trois décimes* par kilogramme, ne tenant pas compte, dans la consommation, de l'emploi qui pouvait en être fait pour les bestiaux et pour les engrais des terres, et qui aurait été considérable.

Ce fut à la suite d'une longue discussion qu'on vota la loi promulguée le 17 décembre 1814, et dont voici quelques-unes des dispositions :

Titre IV. — Art. 25. La taxe sur les sels sera perçue,

jusqu'au 1er janvier 1815, à raison de 4 décimes par kilogramme.

A dater de 1815 jusqu'au 1er janvier 1816, elle sera réduite à 3 décimes par kilogramme.

Art. 28. Un règlement d'administration publique déterminera le mode de surveillance auquel seront assujetties les salines.

Art. 29. Les juges de paix seront seuls compétents pour connaître des contraventions à la loi du 24 avril 1806, sans appel s'il y a lieu.

L'amende de cent francs, prononcée par l'art. 57 de ladite loi du 24 avril 1806, est individuelle.

Art. 30. Si la fraude est commise par une réunion de plus de trois personnes, il y aura lieu à l'arrestation des contrevenants et à leur traduction devant le tribunal correctionnel, et à une amende, indépendamment de la confiscation des sels, moyens de transport, ustensiles, etc.

Art. 32. Les préposés des douanes, conformément à l'art. 8 du règlement du 11 juin 1806, pourront rechercher les dépôts de sel formés dans les rayons où s'exerce leur surveillance.

Art. 33. Les dispositions des lois du 24 avril 1806 seront exécutées dans tout ce qui n'est pas contraire au présent titre.

Depuis la promulgation de cette loi, le régime de l'impôt du sel n'a été nullement réformé. Quelques ordonnances de peu d'intérêt sont venues de temps en temps modifier l'administration de cette partie des finances comprise dans le budget, au chapitre des contributions indirectes.

Mais, depuis 1830, si la législation sur l'impôt du sel est restée la même que celle de 1814, elle a néanmoins subi quelques changements dans le régime de l'administration, ce qui n'a pas peu contribué à la rendre encore plus onéreuse.

Ainsi, on lit les prescriptions suivantes dans la loi du 17 juin 1840, que nous livrons à la méditation des membres de la chambre :

« Tout fabricant de sel dont le produit n'aura pas atteint le *minimum* fixé par cette loi (500,000 kilogr. de sel assujetti à l'impôt), devient passible d'une amende égale au droit à percevoir sur la quantité du sel manquant pour atteindre le *minimum*.

» L'enlèvement et le transport des eaux salées sont interdits pour toute destination autre que celle d'une fabrique régulièrement autorisée. »

Des réglements déterminent les formalités à remplir pour l'exécution de l'article précédent.

« Toute contravention sera punie de la confiscation des eaux salées, matières salifères, etc., ustensiles de fabrication, moyens de transport, et d'une AMENDE DE 500 A 5000 FRANCS.

» En cas de récidive, le *maximum* de l'amende (5000 francs) sera prononcé; elle peut même être portée au double (10,000). »

Telle est, dans son ensemble, l'histoire rapide des diverses législations créées en France sur l'impôt du sel. On peut les juger maintenant avec impartialité; et voir s'il ne sera pas facile de coordonner une loi nouvelle qui ménage tous les intérêts : ceux du gouvernement comme ceux des classes laborieuses.

Car, il faut enfin le reconnaître, l'impôt du sel, tel qu'il est établi par la loi, n'est qu'une surcharge de plus qui pèse sur le peuple et dont il est urgent de l'alléger franchement une dernière fois.

Avant d'exprimer toute ma pensée sur cette importante réforme, je résumerai l'état financier auquel a donné lieu, pendant les trois périodes que nous venons de parcourir, l'accroissement ou la réduction qu'a subis la taxe sur l'impôt du sel. On jugera ainsi, par le produit de ce droit comme par le tarif du prix de cette denrée, ce qu'il faut faire aujourd'hui pour le rendre plus juste et plus équitable.

Ainsi, en récapitulant l'ensemble de notre travail, nous trouvons à constater les faits suivants :

I° Sous le régime de la gabelle, l'impôt du sel produisait au fisc *soixante millions*. La livre du sel était vendue au consommateur depuis 1 sou jusqu'à 8; certaines provinces le payaient jusqu'à 16 sous la livre, d'autres étaient affranchies de tous droits.

II° L'Assemblée nationale établit un impôt de *quarante millions* sur toute la France. La livre de sel ne coûtait que 2 décimes (4 sous).

III° La Convention, sans fixer le chiffre de la recette de cet impôt, décréta que le *maximum* du sel ne pourrait dépasser le prix de 10 centimes (2 sous) la livre).

IV° Sous l'Empire, le produit de l'impôt du sel s'élevait jusqu'à la somme énorme de cinquante-cinq millions. — La livre du sel fut payée, à cause de la surtaxe établie par le décret impérial du 11 novembre 1813, 4 décimes (8 sous).

V° La Restauration fixa le produit de l'impôt du sel à quarante-sept millions. — Le droit perçu par le fisc pour cette denrée fut de trois décimes (6 sous) par kilogramme, un décime de moins que sous l'Empire. Cependant la livre de sel ne dépassait pas deux décimes un quart (4 sous et demi).

VI° Le gouvernement de 1830 fait produire à l'impôt du sel SOIXANTE-CINQ MILLIONS, à raison d'un droit de trois décimes par kilogramme (6 sous); néanmoins le demi-kilo du sel s'élève en ce moment à 30 centimes (6 sous).

Voici, au reste, un tableau qui établit d'une manière exacte les diverses modifications qu'a subies l'impôt du sel quant à son produit fiscal, à sa taxe et à sa valeur nominale en prenant pour base les prix de Paris.

GOUVERNEMENT.	PRODUIT de l'impôt.	PRIX du droit de la taxe.	VALEUR vénale du sel.
Régime de la gabelle.	60,000,000	1 s. à 8 s. jusqu'à 16 s.	1 s. à 8 s. jusqu'à 16 la livres.
Assembl. législat.	40,000,000	2 décimes le kilog. . .	3 s. la livre.
Convention. . . .	» » »	» » »	*maximum* 2 s. la liv.
Empire.	55,000,000	4 décimes le kilog. .	6 s. la livre.
Restauration. . .	47,000,000	3 décimes le kilog. .	4 s. 1/2 la livre.
Gouv. de 1830. .	65,000,000	3 décimes le kilog. .	5 s. 1/2 et 6 s. la liv.

On peut juger maintenant de la valeur vénale du sel pendant les trois périodes législatives que nous venons de parcourir. Il est difficile de pouvoir fixer le prix exact de la vente du sel dans chaque province ; mais, en prenant pour base du passé et du présent le prix intrinsèque de la denrée et y ajoutant les droits, les différences ne porteront que sur les frais de transport et les droits d'octroi. Il fallait un point de comparaison pour faire apprécier les charges qui pèsent sur le sel. Le prix de Paris, moins sujet à être contesté, m'a paru le meilleur à citer.

SECONDE PARTIE.

RÉDUCTION DE L'IMPOT SUR LE SEL.

« Le droit du sel que l'on regarde comme l'impôt par ex-
» cellence est une grande erreur en économie politique.
» Je le regarde, au contraire, comme le plus injuste et
» le plus funeste à l'industrie. »

M. BESLAY, memb. du Cons. des Anciens.

Avant d'entrer dans les détails politiques et financiers qui concernent l'impôt du sel, il est indispensable de donner une idée exacte des droits divers qui pèsent sur cette denrée de première nécessité, dès l'instant qu'elle est livrée à la consommation.

Le prix du sel, à Paris, chez le marchand en détail, avant d'être livré à la consommation, s'élève, *terme moyen*, à CINQUANTE FRANCS le quintal métrique (100 kil.); c'est-à-dire à 5 décimes le kilogramme (5 s. la livre).

Ce prix de *cinquante francs* se compose des sommes partielles suivantes :

1°	Droit établi au profit du Trésor. . . .	30 fr.	»
2°	Droit d'octroi.	6 fr.	»
3°	Frais de transport, commission, mesurage, etc.	4 fr.	25 c.
4°	Bénéfices de l'entrepositeur particulier ou négociant en gros.	2 fr.	75 c.
5°	Bénéfices du marchand en détail. . . .	4 fr.	»
6°	Valeur intrinsèque du sel pris aux salines.	3 fr.	»
	Total	50 fr.	»

Et aujourd'hui le sel se vend 60 francs le quintal, soit

6 sols la livre, ou 12 sols le kilogramme, même prix que sous l'Empire.

D'un autre côté, cet impôt produit annuellement au Trésor la somme énorme de *soixante-cinq millions,* c'est-à-dire un chiffre plus élevé que celui fixé par tous les régimes qui ont précédé la révolution de 1830, *dix millions* de plus que l'Empire qui avait néanmoins atteint le chiffre le plus élevé de cet impôt si souvent taxé d'odieux.

Or, il résulte de l'élévation du prix du sel à dix-sept fois sa valeur intrinsèque et du produit de *soixante-cinq millions* de l'impôt sur le sel, deux faits importants à constater : l'un est une surcharge injuste qui pèse spécialement sur les classes inférieures, et dont il faut les alléger le plus tôt possible; l'autre est une source de revenu important pour l'État qu'il ne faut pas tarir, mais que l'on doit savoir maintenir dans des limites équitables.

En un mot, réduire l'impôt du sel à un prix modéré et tel que les classes pauvres et laborieuses le réclament, sans pour cela nuire au revenu de l'État, tel est le double problème à résoudre.

On ne peut disconvenir, en matière d'impôt, qu'une denrée vendue dix-sept fois sa valeur intrinsèque ne soit une monstruosité, surtout lorsque cette denrée est de première et d'indispensable nécessité. Il est donc impossible d'excuser un droit aussi exorbitant, aussi inique.

« Un impôt ne doit pas être une surcharge; il ne doit por-
» ter sur ceux qui le payent qu'en raison de leurs facultés. »

Cette maxime paraît avoir été si bien comprise par tous les économistes, qu'ils n'autorisent un droit quelconque qu'autant qu'il frappe une partie du revenu en dehors du principal. Ainsi, dans les contributions directes, les droits du fisc ne se composent que d'une fraction du revenu. Les patentes, les portes et fenêtres, le personnel et le mobilier, le timbre lui-même et l'enregistrement, tout exorbitants qu'ils soient déjà comme impôt, ne sont classés que d'après le système financier d'un droit proportionnel. Seul entre tous, l'impôt du sel semble faire exception à la règle commune; car, au lieu d'être établi sur une taxe proportionnée à sa valeur intrinsèque, il surcharge cette valeur d'un droit dix fois plus élevé.

Et pourtant qui peut autoriser cette élévation d'un droit aussi fiscal? Est-ce la rareté de cette denrée? Au contraire, tout prouve dans la conduite du gouvernement que c'est son abondance qu'il cherche à arrêter par tous les moyens mis à sa disposition. Semblable à cette compagnie de monopoleurs hollandais qui, dans la crainte de voir la baisse frapper ses propres marchés par l'abondance des produits qu'elle y jetait, avait coutume de brûler une partie des produits qu'elle récoltait dans ses îles.

C'est ainsi que, dans l'art. 575 du Code des Douanes, on lit les dispositions suivantes :

« Les préposés s'opposeront à l'enlèvement des sels pro-
» venant des *récoltes accidentelles*, sur tous terrains qui ne
» seraient pas soumis à la garde spéciale et permanente des
» douanes. *Ils devront, en outre, procéder* A LA DESTRUCTION
» DE CES SELS *à mesure de leur formation.* »

Ce n'est donc point la rareté de cette denrée qu'on a voulu protéger à l'abri d'un impôt onéreux; c'est plutôt la grande consommation du sel et son abondance qu'on a voulu exploiter au profit du Trésor.

Cependant de toutes les productions de la nature il en est peu de plus utile à l'homme que le sel. Cette denrée, d'abord restreinte aux marais salants qui furent primitivement et pendant des siècles en possession de fourn ir la presque totalité du sel livré à la consommation, s'est accrue depuis 1819, par la découverte de plusieurs mines.

Parmi ces dernières, il faut mettre en première ligne les mines de Vic, d'une grande richesse. Ces mines ont été, en partie, la cause de la décadence des marais salants, en lésant les intérêts du Trésor public par les facilités qu'elles ont fournies à la fraude, sans tourner, pour cela, à l'avantage des consommateurs.

Ainsi, lorsque la concession de la mine de Vic, découverte par la compagnie Tonnelier, et des salines de l'Est fut faite à l'État par ordonnance du 22 août 1825, et placée par lui en régie intéressée, la vente du sel de mer commença à déchoir sur les marchés où il trouvait auparavant d'abondants débouchés. Cette circonstance qui aurait dû être favorable à la production de cette denrée, en la livrant en plus grande quantité à la consommation, eut donc un effet tout opposé. Le devoir du gouvernement était d'aviser aux moyens de faire cesser ce fâcheux état de choses; car si, d'un côté, la mine de Vic et celle d'Oroas, qui gisait à moins de 65 mètres de profondeur sur une épaisseur de 75 mètres au-dessous du sol, offraient à l'exploitation une masse considérable de cette denrée (1), de l'autre, il ne fallait pas laisser dépérir les marais salants, qui ne pouvaient soutenir une concurrence avec le sel de mine, ainsi que je l'ai dit ci-dessus.

En effet, pour se faire une idée exacte de la production immense de la mine d'Oroas, il suffit de savoir que, par suite d'une concurrence frauduleuse, le sel raffiné des Basses-

(1) La mine d'Oroas, dans les Basses-Pyrénées, à peu de distance de l'Océan, occupe trente-neuf puits, avait 189 fabriques, et produisait en 1837 trente-sept mille quintaux métriques de sel, représentant un droit d'un million cent mille francs. — La mine de Vic, dans le département de la Meurthe, fut découverte en 1819; elle gît à environ 50 mètres au-dessous de la surface du sol; elle existe sur une étendue de trente lieues carrées environ et produit 258,341 quintaux métriques de sel.

Pyrénées s'est vendu quelquefois, port compris, trente francs, vingt-huit francs et jusqu'à vingt-six francs les 100 kil. c'est-à-dire un prix inférieur au droit perçu par le fisc. On sent, au reste, tout le parti que pouvait tirer un gouvernement économe de l'argent du peuple, de l'abondance de cette denrée, en la livrant en plus grandes quantités à une indispensable consommation.

Mais ce n'est jamais la disette de cette denrée qui fait augmenter le droit du fisc en la renchérissant; car les sources de sel et les marais salants abondent dans toute la France. Non-seulement nous en avons dans les départements de la Côte-d'Or, de Vaucluse, des Basses-Alpes, de l'Yonne, de l'Aude, des Bouches-du-Rhône, de l'Hérault, sur tous les bords de la Méditerranée, mais encore sur les rivages de l'Océan. La Loire-Inférieure, la Vendée, la Charente-Inférieure comptent des marais salants qui ne sont pas les moins renommés ni les moins abondants. Et cependant les gouvernements n'ont rien fait encore pour utiliser avantageusement cette source féconde de richesses. Il semble qu'ils aient cherché à vouloir la tarir tous les jours, par un inconcevable calcul d'intérêts politiques et financiers (1).

Eh bien! on doit examiner avec impartialité si les calculs intéressés du gouvernement sont légitimes; s'ils ne

(1) Le département de la Meurthe, avec ses mines et ses sources de sel, livre à l'impôt, chaque année, environ 400,715 quintaux métriques. En outre, on compte en France 86 marais salants qui sont répartis dans les départements suivants :

Aude, Bouches-du-Rhône, Charente-Inférieure, Corse, Gard, Gironde, Hérault, Ille-et-Vilaine, Loire-Inférieure, Morbihan, Pyrénées-Orientales et Vendée.

On peut considérer comme des annexes aux marais salants les laveries de sable. Il n'en existe que dans les départements du Calvados, des Côtes-du-Nord et de la Manche. Elles sont au nombre de 578; mais 285 seulement sont en activité ou exercice. Les marais salants et les laveries de sable ont produit, à eux seuls, en 1839, 3,153,514 quintaux métriques de sel.

sortent point des bornes de toute équité; en un mot, s'ils ne grèvent pas les contribuables d'un droit nuisible à l'agriculture, au commerce et à l'industrie.

Il n'est pas d'arguments qui n'aient été faits contre l'impôt du sel; il n'est pas d'objections qui n'aient été inventées en faveur de son maintien. On connaît les uns et les autres; on voudra bien me dispenser de les reproduire de nouveau.

Néanmoins, comme tout ce qu'on a dit et écrit *pour* et *contre* cet impôt se résume en ces deux propositions contradictoires :

1° *Le droit du sel est une grande erreur en économie politique, parce qu'il n'est en aucune proportion avec les facultés de ceux qui le supportent;*

2° *L'impôt du sel est le plus productif, le moins dispendieux de tous; il est aussi celui qui est le moins onéreux;*

Je vais examiner l'une et l'autre proposition.

Il est évident que le sel est indispensable à la subsistance de l'homme : « C'est un cinquième élément, si essentiel » au peuple, disait l'abbé Maury, qu'il faut en fixer le prix » si bas qu'il n'y ait pas d'avantage à en faire la contre» bande. »

En effet, les classes inférieures consomment la plus grande partie de cette denrée; l'habitant des campagnes, l'ouvrier des villes en font un usage nécessaire et indispensable. Que l'on se reporte par la pensée au milieu de ces immenses populations de la Bretagne, de la Normandie et du midi de la France, que trouve-t-on au nombre des principaux aliments qui composent leur nourriture? Des pommes de terre, du sarrasin, du maïs et des herbages potagers presque toujours fades et d'un goût insipide; les viandes elles-mêmes, qui servent à leur subsistance, ne sont que des salaisons assez fortes pour résister, des années entières, à la décomposition. Ceux qui vivent de ces aliments ne forment pas seulement une classe, deux classes de citoyens, mais les masses même du peuple, c'est-à-dire, environ *vingt-quatre millions* d'individus.

Certes, cette seule considération suffit pour appeler l'attention des mandataires du pays sur un mal à réparer. Ce ne sont pas, il est vrai, ces populations qui font la majorité à la chambre; mais elles composent l'immense majorité de la nation; ce qui est bien autrement important.

Ainsi, je ne crois pas que l'on conteste ce fait : que les classes laborieuses, que le peuple consomme la plus grande partie du sel dont le produit de l'impôt rentre dans la caisse du Trésor. Il est encore un autre fait reconnu par tout individu qui vit au milieu des classes pauvres et laborieuses, c'est qu'au taux où s'élève le prix du sel, le peuple souffre le plus souvent de la privation de cette denrée.

La vérité de cette assertion peut être démontrée, au reste, par la voie de la statistique qui établit comme proposition évidente : que la consommation du sel a été toujours en proportion de la valeur vénale de cette denrée.

Ainsi, sous le régime de la gabelle, la livre de sel étant payée 80 c. (16 s.), la consommation par individu ne s'élevait pas au-dessus de 4 kilogrammes (8 livres). — La législation de 1791, ayant baissé le prix du sel à 2 décimes le kilog. (2 s. la livre), la consommation par individu atteignit le chiffre de 8 kilogrammes. — Sous l'Empire, au contraire, le kilogramme de cette denrée ayant été porté au taux de 8 décimes (16 s.), la consommation par individu retomba subitement à 5 kilog. — Enfin, depuis la révolution de 1830, le prix du sel ayant atteint le chiffre de 50 c. (10 s.) par kilog., la consommation par individu s'est élevée à 6 kilog. 1|4. Quelle sera la consommation avec l'élévation du prix actuel à 12 s. le kilog., ou 6 s. la livre?

Si la valeur de ces chiffres est incontestable, comme j'ai raison de le croire, puisqu'elle est empruntée à des documents officiels, la hausse du prix de cette denrée ou l'élévation du droit fiscal qui la frappe est un obstacle évident à sa consommation. Par un motif contraire, la baisse du prix de cette denrée ou la diminution du droit fiscal augmenterait le chiffre de sa consommation.

C'est, au surplus, l'argument que M. Beslay opposait à l'orateur du gouvernement, lorsqu'on discutait la loi de 1814. « L'augmentation du droit, disait-il, diminuera la » consommation ; la diminution du droit, au contraire, » l'augmentera, car l'effet de la surtaxe étant une surcharge » onéreuse sur le prix du sel, il en résultera évidemment » une diminution immense dans la consommation. »

Ce raisonnement, évident par lui-même, se renforce encore par les faits de l'expérience admise en économie domestique. Toute denrée acquise à prix d'argent et dont les droits sont acquittés par l'acheteur au moment de l'enlèvement, trouve un débit difficile. Mais si cette denrée est de première nécessité, elle devient alors, pour l'acheteur pauvre et nécessiteux, une matière de luxe; elle entraîne avec elle l'idée de privation.

L'application de ce fait n'est pas rare; elle a lieu, tous les jours, dans les diverses parties de la France.

Il est permis de conclure de tout ce qui précède, en forme d'axiome d'économie politique : qu'un département agricole consomme moins de sel qu'un département industriel. Ce qui ne devrait pas avoir lieu.

Dans le département agricole, le numéraire est rare; le change ou la troque de cette denrée ne pouvant s'effectuer facilement, la consommation est plus restreinte, et avec elle naît la privation.

Dans le second, le numéraire étant, au contraire, plus commun, la consommation de cette denrée devient plus abondante et produit plus au Trésor.

Aussi, qu'arrive-t-il? c'est qu'à proportion égale de population, le département agricole consomme moins de cette denrée que le département industriel. Ce qui ressort du tableau des douanes sur le mouvement de la vente du sel.

On n'aurait pas à constater cette différence barbare entre départements, dans la consommation de cette denrée de première nécessité, si le sel jouissait d'une franchise juste, ou s'il n'était soumis qu'à un faible droit d'impôt accessible aux plus modestes existences.

Mais, avant d'établir le chiffre de la RÉDUCTION désirable, je tiens d'abord à répondre à cette objection du gouvernement : *L'impôt du sel est celui que l'on supporte le plus facilement.*

Si le peuple n'élève pas la voix, comme au temps de la gabelle; s'il ne se plaint pas à grands cris contre un impôt dont il ressent, tous les jours, de plus en plus le poids; ce n'est pas que sa souffrance soit moins réelle. Ce serait donc une maladresse, pour l'homme d'État et pour le législateur, d'attendre, pour réformer une loi inique, la dernière crise du désespoir d'un peuple. Il faut savoir opérer les réformes à propos et avec mesure.

Je crois que la législation sur les sels a atteint ce degré de maturité indispensable à une bonne révision.

Et, puisque le gouvernement répond que l'impôt du sel est le plus supportable de tous, je tiens à détruire la seule et dernière objection qui reste en sa faveur.

D'après le dernier budget des recettes, la consommation du sel a dépassé 6 kilog. 1/4 par individu, c'est-à-dire 12 livres et demie. Or, au prix où se trouve élevée cette denrée, c'est 3 fr. 15 c. par individu.

Certes, si cette dépense de *trois francs quinze centimes* suffisait pour satisfaire entièrement au besoin indispensable que tout individu a de cette denrée de première nécessité, si sous ce chiffre modeste ne se cachaient pas le plus souvent le calcul, la misère, la privation du cultivateur et de l'ouvrier, si chaque individu, gagnant son salaire, n'avait qu'à se préoccuper pour lui seul que de ces *trois francs quinze centimes*, je ne réclamerais pas avec autant d'insistance une *réduction* nécessaire, selon moi, sur l'impôt du sel.

Mais ce chiffre de revient des 6 kil. 1/4 de sel, consommé par individu, ne s'offre malheureusement à mes yeux que sous un nom collectif, appelé la famille. La charge du droit de cet impôt, réparti par les calculs de l'État sur chaque tête, pèse en réalité sur le chef domestique de la famille et n'en devient qu'un fardeau plus lourd.

Dans cette pensée se trouve renfermé tout le secret de l'impôt sur le sel, considéré comme taxe onéreuse. Un chef de famille compte cinq, six et souvent un nombre plus grand de membres qui sont à sa charge immédiate. Tous ces membres consomment leur contingent de sel, qui élève à cinq, six fois et plus l'impôt prélevé sur le chef de famille, et compose en total un impôt de quinze, vingt francs et plus *pour le pot et la salière seulement*, en nous servant de la désignation consacrée par l'usage.

Mais si à cette taxe particulière nous ajoutons encore celle qui porte sur le sel employé pour les grandes salaisons, nous constaterons une consommation de cette denrée qui s'élèvera à trente-cinq, quarante francs et plus. Or les quarante francs d'impôt de la nouvelle gabelle, joints à ceux du personnel, du mobilier, des portes et fenêtres et à tant d'autres droits qui frappent le consommateur et le contribuable, formeront une somme assez forte pour écraser l'ouvrier, le travailleur, c'est-à-dire ces êtres collectifs qu'on appelle prolétaires, qui forment plus de *vingt-quatre millions* de la population française.

N'est-ce pas là une raison suffisante pour déclarer que l'impôt du sel est plus onéreux qu'on ne le pense communément ou plutôt que le gouvernement ne cherche à le persuader?

Il devient donc constant que la réduction de l'impôt du

sel est d'une nécessité urgente, indispensable dans l'intérêt du bien-être des classes inférieures. C'est la première partie de la question que je tenais à éclairer.

Cette question du sel se rattache à tant d'autres intérêts commerciaux et industriels qu'il suffirait seulement de les énoncer pour engager un gouvernement qui se dit le défenseur des intérêts matériels du pays, à la prendre en sérieuse considération. Mais malheureusement le pouvoir s'entend mieux à parler qu'à agir, et toutes ses préoccupations se bornent à défendre les monstrueuses prescriptions du budget qui forment tout son système.

Voici, au reste, un exemple des inconvénients attachés à la loi actuelle sur les sels.

La récolte de cette denrée a été mauvaise cette année; si elle n'a pas été productive, ce n'est pas la faute des marais salants, ni des mines, ni des fabricants, mais bien des entraves qu'impose la loi à sa production. Ainsi, on sait que l'époque de l'extraction et de la fabrication du sel est limitée à quatre-vingts jours de l'année; de sorte que, si la récolte vient à manquer, par quelque accident imprévu, il n'est pas permis, aux termes de la loi, d'en refaire une autre, et par suite il y a pénurie de cette denrée.

C'est ce qui a eu lieu cette année : la récolte ayant été mauvaise, le sel nécessaire à la salaison des produits de la pêche a manqué, et par suite la hausse du prix de cette denrée a engagé les armateurs de Dieppe et de Fécamp à s'adresser au ministre du commerce pour obtenir l'entrée des sels d'Angleterre en franchise; car, par une de ces fatalités qui s'attachent à la France et au système de paix actuel, il faut précisément que les peuples voisins soient affranchis d'un droit établi sur une denrée dont nous abondons et qu'il nous faut payer à un prix exorbitant.

Mais M. le ministre du commerce, qui, d'un côté, ne veut pas faire réformer une loi qu'il sait être onéreuse, parce qu'elle produit énormément au budget, a répondu par un refus formel à la demande des armateurs de Dieppe et de Fécamp; et cela sans doute pour ne pas entamer le produit des recettes auquel il tient essentiellement. Qu'arrivera-t-il de ce refus d'admettre le sel d'Angleterre en franchise, alors que le sel national manque? D'abord que la pêche de Terre-Neuve ne sera pas bonne, et que l'industrie de la salaison du poisson diminuera; ensuite que la mauvaise récolte des salines françaises protégera quelques accapareurs, qui réaliseront ainsi des bénéfices immenses au préjudice d'hommes qui se livrent à une industrie qui fait vivre tant d'armateurs et de marins.

Tel est un des plus grands abus que sanctionne l'impôt établi sur le sel. La vente des salines de l'Est à un seul propriétaire qui les administrera pour son compte au détriment de l'État lui-même est un des actes les plus fâcheux.

Car si ce propriétaire, qui devient par la suite monopoleur de cette denrée, ne veut pas vendre l'année prochaine son sel, ou qu'il veuille le mettre à un taux exorbitant, que surviendra-t-il? La valeur vénale du sel augmentera, et, sa consommation devenant plus rare, l'agriculture et les différentes branches de l'industrie en souffriront, et les classes pauvres continueront à vivre dans la privation presque complète d'une denrée de première nécessité.

Cependant, à côté de l'intérêt du contribuable existe un intérêt non moins sacré, celui du Trésor public, sans lequel toute société politique serait impossible. Il faut un budget au gouvernement.

J'admets très-volontiers l'existence d'un budget nécessaire à l'État; mais je nie formellement la nécessité d'un budget de *quatorze cents millions et plus*, somme monstrueuse à laquelle aucun gouvernement n'avait osé atteindre, si ce n'est celui de la révolution de 1830. Avant de s'élever jusqu'à la hauteur de ce chiffre colossal, qui nous amènera infailliblement la banqueroute, le budget que nous votons tous les ans, en notre qualité de députés, avec tant de laisser-aller et de bonhomie, se compose de différentes allocations prises aux diverses branches du revenu public parmi lesquels l'impôt du sel figure pour la somme de *soixante-cinq millions*.

Je conçois que les ministres, forcés de couvrir les dépenses avec les recettes, s'arrêtent complaisamment à ce chiffre de soixante-cinq millions, qui entre si à propos et sans beaucoup de difficultés dans la caisse du Trésor. Aussi faut-il s'attendre à une vive opposition de leur part à toute demande de réduction ; car l'État ne diminue plus ses dépenses : il les augmente tous les jours ; c'est un parti pris d'avance et qu'il met habilement à exécution.

Voilà pourquoi je m'élève aujourd'hui contre la taxe du sel, telle que les lois de 1806, de 1814 et de 1840 l'ont établie.

Il est de toute justice que le ministère réduise la taxe ; c'est son devoir, puisque l'intérêt général l'exige.

Deux fautes ont été déjà commises par lui : la première, en ne mettant pas les salines en régie intéressée ; la seconde, en vendant, tout récemment encore, celles dont l'État était propriétaire. En commettant ces deux fautes, il a tari la source dont il pouvait tirer un profit qui aurait servi au degrèvement de l'impôt qui pèse sur une denrée de première nécessité.

Les mêmes raisons invoquées par M. Barbé-Marbois existent de nos jours ; l'État devrait imiter le Directoire, qui, sur la proposition de ce membre du Conseil législatif, mit les salines en régie intéressée. Au lieu de suivre cet exemple, qu'a fait le gouvernement? Il ne s'est pas contenté de laisser à l'État le monopole rationnel d'une exploitation toute avantageuse à la consommation, il est allé plus loin encore dans la voie du désintéressement : il a vendu les seules salines dont l'État était encore propriétaire.

Aussi, qu'arrivera-t-il de ce désistement que vient de consommer le gouvernement, par vente notariée, des salines ci-devant domaniales d'Arc et de Salins, de Dieuze, Vic, Moyenvic et Montmorot, en faveur d'un acquéreur particulier? Que la loi sur la liberté de fabrication ne sera plus qu'illusoire. C'est bien alors que le commerce de cette denrée, qu'on ne pourra plus faire, comme par le passé, avec des capitaux modiques, sera un impôt ruineux. Car, livré ainsi à une compagnie exclusive qui seule pourra faire l'avance de l'impôt, toute concurrence devenant d'ailleurs impossible, il s'établira un monopole abusif qui tendra à augmenter la valeur de cette denrée. Que fera l'État, dans une situation semblable; souffrira-t-il qu'on élève à l'ancien prix de 50 fr. les 100 kilog. d'une telle denrée? — Nous l'ignorons.

Mais ce que je sais très-bien, c'est que le gouvernement, en se désistant de la propriété des salines qui lui restaient encore, a établi, en faveur d'un capitaliste, un privilége ruineux, et contre lequel on ne tardera pas bientôt à se récrier de toutes parts.

Afin de rendre plus complet dans ce travail d'investigations, je dirai que les revenus des salines de l'Est se font élevées, en 1838, à 1,652,000 francs et avaient dépassé de 50,000 francs les produits de 1837. Mais la vente de ces salines, par l'État, est consommée.

Ici vient naturellement se placer l'opinion émise tout récemment, à ce sujet, par la presse périodique.

» L'acquisition successive de tous ces établissements, » qui ont coûté des sommes considérables, révèle l'inten- » tion probable de reconstituer, au profit du nouveau pro- » priétaire, le *monopole que l'État avait abandonné* dans une » vue d'intérêt général, et de s'emparer du marché après

» avoir éteint toute concurrence au moyen des capitaux » énormes dont on dispose, *afin de pouvoir ramener à l'an-* » *cien prix de* 50 *fr. les* 100 *kilogr.*, un aliment de pre- » mière nécessité.

» Dans cette circonstance, il faut que le gouvernement, » qui a sacrifié, en faveur des populations, un monopole » qui lui était profitable, et qui a proclamé la loi de la *li-* » *berté de fabrication*, ne permette pas que ce monopole se » reconstitue au profit d'un intérêt particulier et qu'il pro- » tége efficacement les salines françaises. »

A ces justes réflexions, un écrivain, compétent en cette matière, ajoute encore :

« Si les prévisions d'un retour possible à l'ancien prix du » sel se vérifient, le gouvernement, pour faire droit aux » justes réclamations qui ne manqueront point de lui être » adressées, sera forcé alors d'en venir au mode que géné- » ralement on désirait lui voir adopter, lors de la discussion » de la loi, sur la libre fabrication, celui de la RÉDUCTION » de l'impôt sur le sel.

» Si l'État eût conservé un monopole qui lui était profi- » table, nous aurions la certitude qu'il ne nous livrerait des » sels que les plus purs possible, garantie que n'offre » jamais la libre concurrence. *Par la réduction à* 15 *fr. de* » *l'impôt de* 30 *kilog. que le gouvernement continue à percevoir,* » *il n'y aurait pas eu perte pour le Trésor, car certainement* » L'AGRICULTURE EUT DOUBLÉ SA CONSOMMATION EN SEL. » Une bonne loi sur l'impôt du sel était nécessaire; les » différents régimes qui se sont succédé en France ont » travaillé à l'élaborer, et cependant elle est encore à » faire. »

Ainsi, comme on le voit, ce n'est point par ces deux moyens de produit que l'État vient d'abandonner, qu'il retrouvera les ressources nécessaires pour couvrir le déficit que laissera la réduction à proposer sur l'impôt du sel. Il faut donc les rechercher ailleurs; car je tiens essentiellement à ne pas laisser le budget à découvert par le fait de ma proposition.

Or, je retrouve l'équivalent de la réduction que je demande dans la réduction elle-même, Que l'État baisse d'abord le droit de l'impôt du sel à 15 c., c'est-à-dire, à la moitié de son produit actuel, qu'adviendra-t-il? Trois choses: une diminution de plus de moitié dans le prix du sel livré au commerce, l'impossibilité de faire, avec avantage, la fraude et la contrebande, enfin, comme conséquence de ces deux avantages, une consommation double de cette denrée.

Ainsi le droit de l'impôt ayant subi une réduction de moitié, et la fraude et la contrebande ne trouvant plus un avantage réel à faire la concurrence au fisc, il arrivera que la consommation illégale rentrera dans le domaine de la consommation légale. Ce ne sera pas là un mince résultat obtenu par la réduction du droit, car le produit de la contrebande et de la fraude qui s'exécutent soit sur les frontières par l'importation du sel, soit dans l'intérieur, soit dans les fabriques de produits chimiques par l'excédant indispensable à leurs opérations, soit par les mécomptes impossibles à éviter dans la livraison du sel nécessaire aux salaisons commerciales du poisson, soit par l'emploi des ressels et saumures, soit par la décomposition de l'eau salée et le lavage du *sablon* ou sable de mer et matières salifères; enfin, soit par l'enlèvement des récoltes accidentelles, est estimé à un sixième du revenu annuel de cet impôt, c'est-à-dire à environ *douze millions*.

Cette somme jointe aux frais d'une surveillance devenue désormais inutile, puisque le fraudeur n'aura plus d'avantage à composer une denrée que la fabrication légale donnera à meilleur marché que lui, formera un revenu net d'environ *douze millions* qu'on pourra déduire de la taxe de l'impôt. Ce ne sera donc, en réalité, qu'une augmentation d'un tiers dans la consommation qu'il faudra obtenir par la diminution de la taxe, et elle est inévitable.

Mais on retirera encore, de ce nouveau mode de perception, un avantage moral non moins réel; celui de ne pas maintenir une législation qui rappelle l'époque des gabelles.

Que signifient, en effet, ces confiscations nombreuses de sels et d'ustensiles, qui comprennent les chevaux, ânes, mulets, voitures, bateaux et autres embarcations employées au transport?

Ces condamnations à plusieurs mois d'emprisonnement et ces amendes qu'on peut élever jusqu'à 10,000 *francs?*

Ces destructions de sel saisi, denrée si nécessaire, et que l'on arrache au pauvre, à l'ouvrier pour la submerger, parce que le fisc perd quelques taxes?

Ce dédale de formalités pour établir une usine de fabrication?

Ces minutieuses et continuelles vexations dans les magasins du fabricant par les agents du Trésor?

Cette inquisition de tous les moments avant, pendant et après les quatre-vingts jours de fabrication qu'on accorde avec si mauvaise grâce?

Enfin ces visites, ces comptes et décomptes qu'il faut subir sur terre et en pleine mer, et cela avec toutes les longueurs et les minuties si fatales au commerce et à l'industrie?

Je le demande, toutes ces vexations à éprouver de la part des exécuteurs de la loi, qu'est-ce : si ce n'est la gabelle avec la plupart de ses rigueurs? »

A ces avantages réunis de la cessation de la fraude et de

la contrebande, comme résultat de la réduction de moitié sur l'impôt du sel, je dois rapporter celui qui résultera du double au moins de la consommation de cette denrée.

« Cet impôt, disait M. Lassay à l'assemblée des *Cinq-*
» *Cents*, est nuisible à l'agriculture, surtout au pays de
» petite culture, où les terres sont, en général, très-mau-
» vaises et ont besoin d'engrais. »

La même objection subsiste de nos jours et dans toute sa force. L'agriculture, à notre époque, est trop sacrifiée à l'industrie, et pourtant l'agriculture devrait être, en France, la base de l'organisation sociale. « De toutes nos indus-
» tries, disent les organes du *Socialisme moderne*, aucune
» n'approche de l'industrie agricole, qui emploie à elle seule
» beaucoup plus des trois quarts du capital national et les
» deux tiers de la population totale; elle seule peut offrir
» au gouvernement des garanties incontestables de stabi-
» lité, d'ordre et de paix. Tout le monde le sait, tout le
» monde le dit, et personne ne cherche sérieusement à
» mettre en œuvre ces riches éléments de prospérité. »

Eh bien! le gouvernement trouvera dans ma proposition une occasion de venir en aide à l'agriculture, qui est la source la plus sûre et la plus régulière de notre richesse. Car tout le monde sait d'abord que le sel peut être employé utilement à l'amélioration de certaines terres, et particulièrement de celles qui, comme dans presque tout l'Ouest, manquent absolument de calcaires.

On sait également que le sel est un remède spécial pour guérir les animaux domestiques dans la plupart de leurs maladies; qu'il suffit, pour ranimer leur appétit, de le dissoudre dans une petite quantité d'eau et d'en asperger leur fourrage.

On sait encore qu'il contribue pour beaucoup à l'engrais de ces mêmes animaux domestiques qui aiment le sel avec passion, surtout les ruminants; qu'on peut donner aux animaux un fourrage de qualité médiocre ou même déjà altéré sans craindre de nuire à leur santé, pourvu qu'on prenne le soin d'asperger ce fourrage avec des dissolutions de sel; or, les fourrages de qualité médiocre ou même de mauvaise qualité ne sont pas rares en France.

Mais si l'agriculture, si l'économie rustique, si les manufactures, les arts et l'industrie ne font que peu ou point d'usage du sel, il faut l'attribuer uniquement à son prix excessif, qui ne permet pas de l'employer.

Il existe d'autres considérations devant lesquelles le gouvernement ne devait point reculer. Il est un fait malheureusement trop certain, c'est que l'avidité du gain porte tous les jours de coupables industriels à mêler des substances dangereuses à une denrée de première nécessité pour l'alimentation de l'homme.

De nombreux procès ont constaté tout récemment encore la vérité d'un fait aussi odieux. On a trouvé chez des marchands de détail des portions de sel domestique plus ou moins mixtionnées avec des sels de varech, du plâtre et même du sel d'iode. Cette falsification est un fait d'autant plus odieux, qu'il se renouvelle fréquemment. Le devoir d'un gouvernement sage n'est-il pas de prévenir cette atteinte portée au bien-être de la société ainsi attaquée à la source même de la vie matérielle?

Et pourtant je ne vois d'autres moyens à prendre contre l'exécution de pareils crimes que ceux qui résulteraient de la diminution de l'impôt du sel. Mais on aime mieux employer la voix de la répression et de la force judiciaire que celle d'une sage concession. A qui donc la faute, s'il faut avoir recours à la police correctionnelle pour empêcher souvent le marchand d'empoisonner le public? — C'est toujours au gouvernement qui se refuse à toutes réformes sages et urgentes, lorsqu'elles portent sur les recettes du budget.

Que le gouvernement réduise donc la taxe du sel à 15 c. par kilogramme, et l'agriculture, et l'industrie, et l'économie rustique consommeront à elles seules le tiers de son produit; et le budget retrouvera dans cet emploi le chiffre des recettes qu'on craint tant de voir diminuer. Car la diminution du prix réalisera ainsi forcément l'augmentation de la consommation, et le fisc, qui aura fait une excellente chose dans l'intérêt de tous, se trouvera encore au moins au pair de ses revenus.

Tel est, selon moi, un des premiers avantages de la réduction de l'impôt du sel : elle servira les intérêts généraux et ne nuira en rien au revenu public.

Si toutefois les avantages que je pense devoir se produire de l'exécution de ma proposition ne répondaient pas à mes espérances, il ne m'en restera pas moins cette conviction : que la réduction de l'impôt est d'une impérieuse nécessité, d'une urgence absolue.

A la suite de toutes les combinaisons qui s'offrent pour concilier les intérêts du fisc avec le bien-être général des masses, j'en présenterai une dernière qui me paraît infaillible; je dirai au gouvernement : au lieu de remplacer cet impôt par un équivalent sur un autre impôt, ce qui serait toujours grever le contribuable qui déjà ne l'est que trop, appliquez en finances le système simple proposé par le roi de Prusse : « *J'ai tant de revenu, je ne dois dépenser que* » *tant;* au lieu de dire : « *Je veux dépenser tant, créez des* » *ressources.* » Économisez les finances de la France, si vous ne voulez point vous trouver éternellement en présence du déficit. Or le moyen de mettre les recettes au niveau des dépenses n'est pas de faire produire à l'impôt plus qu'il ne peut rendre, mais de diminuer les dépenses et de retrancher tout le superflu.

Ce langage doit certainement être compris, et, s'il ne l'était pas encore, j'emprunterais alors celui qu'employa un membre du conseil des Anciens dans une circonstance semblable, et je lui dirais : « Si c'est un devoir pour des dépu- » tés de donner au gouvernement les fonds dont il a besoin, » ce n'est point une obligation moins sacrée pour eux de » ménager les sueurs du peuple. Un crédit ouvert n'est pas » une autorisation de le prodiguer, ni surtout de l'épuiser; » car on s'accorde à dire que nos dépenses forment la liste » civile de la déprédation.

» Dans un gouvernement national, l'accroissement des » revenus et des dépenses finit par donner au pouvoir exé- » cutif un surcroît de force dangereux pour la liberté. » Plus la nation dépensera, plus son gouvernement acquerra » de moyens d'avoir des agents dévoués, et d'exercer sur » les élections populaires une influence qu'à la fin on ne » prendra plus la peine de cacher. La nation est alors frap- » pée au cœur, si l'on y voit naître le commerce de sou- » plesse et de récompense qui, sans mettre les suffrages à » prix d'argent, établit un tarif d'espérances sur lequel on » règle sa conduite et ses démarches.

» Ce n'est pas toujours le déficit inévitable qui cause la » ruine des États, c'est la dilapidation des finances par les » ministres ou leurs employés. »

Si, dans un pareil état de choses, tous les contribuables ont le droit de demander une prompte diminution dans les charges qui les obèrent, il appartient aux mandataires du pays de rechercher les causes de cet accroissement excessif, immodéré de l'impôt, d'arrêter l'envahissement financier qui déborde de toutes parts. Il est des réformes qui, en matière d'impôt, deviennent d'indispensables nécessités.

Au nombre des impôts les plus onéreux, j'inscris en première ligne celui du sel; je conclus donc à la révision de la loi qui le concerne, et surtout à la *réduction de quinze francs par quintal métrique*, au lieu des trente francs dont le fisc frappe aujourd'hui une denrée indispensable à la subsistance du peuple!

Est-ce le dernier mot à dire sur cette question? Assurément non. Mais, quand il sera bien prouvé que le dégrèvement n'aura servi qu'à être utile à tous, sans perte pour le Trésor, on arrivera à de nouveaux dégrèvements qui ne laisseront plus le droit de se plaindre.

BIBLIOTHEQUE ROYALE
I

TABLE.

PREMIÈRE PARTIE.

SECONDE PARTIE.

www.ingramcontent.com/pod-product-compliance
Lightning Source LLC
LaVergne TN
LVHW011955160826
845678LV00002B/551
* 9 7 8 2 3 2 9 6 8 3 9 7 3 *